KEKSE
&
BISCOTTI

KEKSE
&
BISCOTTI

von Linda Collister
Fotos von Patrice de Villiers

Aus dem Englischen
von Josephine Jangowski

CARLSEN

Künstlerische Leitung: Jacqui Small
Graphische Gestaltung: Penny Stock
Redaktion: Elsa Petersen-Schepelern
Fotografie: Patrice de Villiers
Foodstyling: Linda Collister
Styling: Penny Markham
Produktion: Kate Mackillop
Übersetzung: Josephine Jangowski

Für Daniel

Anmerkung: Der Backofen sollte in jedem Fall
auf die im Rezept angegebene Temperatur
vorgeheizt werden – bei einem Umluftofen ist
die Temperatur den Angaben des Herstellers
entsprechend anzupassen.

1. Auflage 1999
Alle deutschen Rechte Carlsen Verlag GmbH,
Hamburg 1999
Originaltitel: Cookies, Biscuits & Biscotti
Originalverlag: Ryland, Peters & Small,
London 1997
Copyright © 1997 Ryland, Peters & Small
Text © 1997 Linda Collister
Satz: KCS GmbH, Buchholz/Hamburg
ISBN 3-551-85092-5
Printed in China

INHALT

Einleitung

Selbstgebackene Kekse sind Luxus pur. Sie verwandeln jede Tasse Kaffee zwischendurch oder eine Knabberei um Mitternacht in einen Moment reinsten Vergnügens.

Kekse backen ist einfach. Das Ergebnis läßt sich aber durch einige kleine Kniffe noch verbessern. Qualitativ hochwertige Zutaten sind Grundlage guter Ergebnisse.

Ich verwende stets naturbelassene Rohrzucker (ausgenommen Puderzucker zur Dekoration), die hierzulande im Reformhaus erhältlich sind und etwas aromatischer sind als Haushaltszucker, der jedoch ebensogut verwendet werden kann. Je nach Geschmacksintensität kommt ein goldfarbener Rohrzucker – der im Reformhaus als Ursüße, im Supermarkt auch als Demerara- oder brauner Zucker angeboten wird – oder eine nahezu ungereinigte, sehr dunkle Zuckerqualität zum Einsatz, die im Reformhaus unter der Bezeichnung Roh-Rohrzucker erhältlich ist.

Daneben bevorzuge ich frische Markenbutter und mittelgroße oder große Eier von Hühnern aus Freilandhaltung, die eine Weile bei Raumtemperatur gelegen haben und so perfekt temperiert sind.

Mehl aus organischem Anbau ist heutzutage gut erhältlich – diese Mehle sind gesünder, und das

Gebäck wird aromatischer. Nüsse sollten so frisch wie möglich sein: das darin enthaltene Öl wird bei Sauerstoffkontakt schnell ranzig, geöffnete Packungen deshalb bis zum Verbrauch im Kühlschrank lagern.

Die zum Backen verwendete Schokolade sollte mindestens zu 70 % aus Kakaoanteilen bestehen, am besten ist hier Blockschokolade geeignet. In einigen Rezepten wird weiße Schokolade verwendet – hier sollten Sie Kuvertüre nehmen und nicht herkömmliche Tafelschokolade.

Orangen- oder Zitronenschale sollte von ungewachsten Früchten stammen, deren Schale vor dem Abreiben gut gewaschen wurde.

Vanillearoma oder -essenz sollte immer aus hochwertigen Vanilleschoten stammen, z. B. aus Mexiko und Madagaskar. Vanillezucker schmeckt schnell künstlich oder gar bitter.

Es lohnt sich, in hochwertige Küchengeräte zu

investieren. Gut geeichte Waagen und Meßlöffel sind zum Beispiel unentbehrlich. Ein Teelöffel entspricht 5 ml, ein Eßlöffel 15 ml: Generell sind solche Angaben auf gestrichene Löffel bezogen, es sei denn, es wäre explizit etwas anderes angegeben.

Kekse brennen leicht an. Deshalb können dünne, leichte Backbleche schnell das beste Rezept und alle mühsamen Vorbereitungen verderben. Hier lohnt sich die Investition in schwere Back-bleche von guter Qualität, die ein Leben lang halten.

Auch ein Ofenthermometer ist eine nützliche Anschaffung, da die Thermostaten meist unzuverlässig sind. Jeder Ofen besitzt seinen eigenen Charakter: Sehen Sie regelmäßig nach Ihrem Gebäck und betrachten Sie die Backzeiten in diesem Buch nur als ungefähre Angaben.

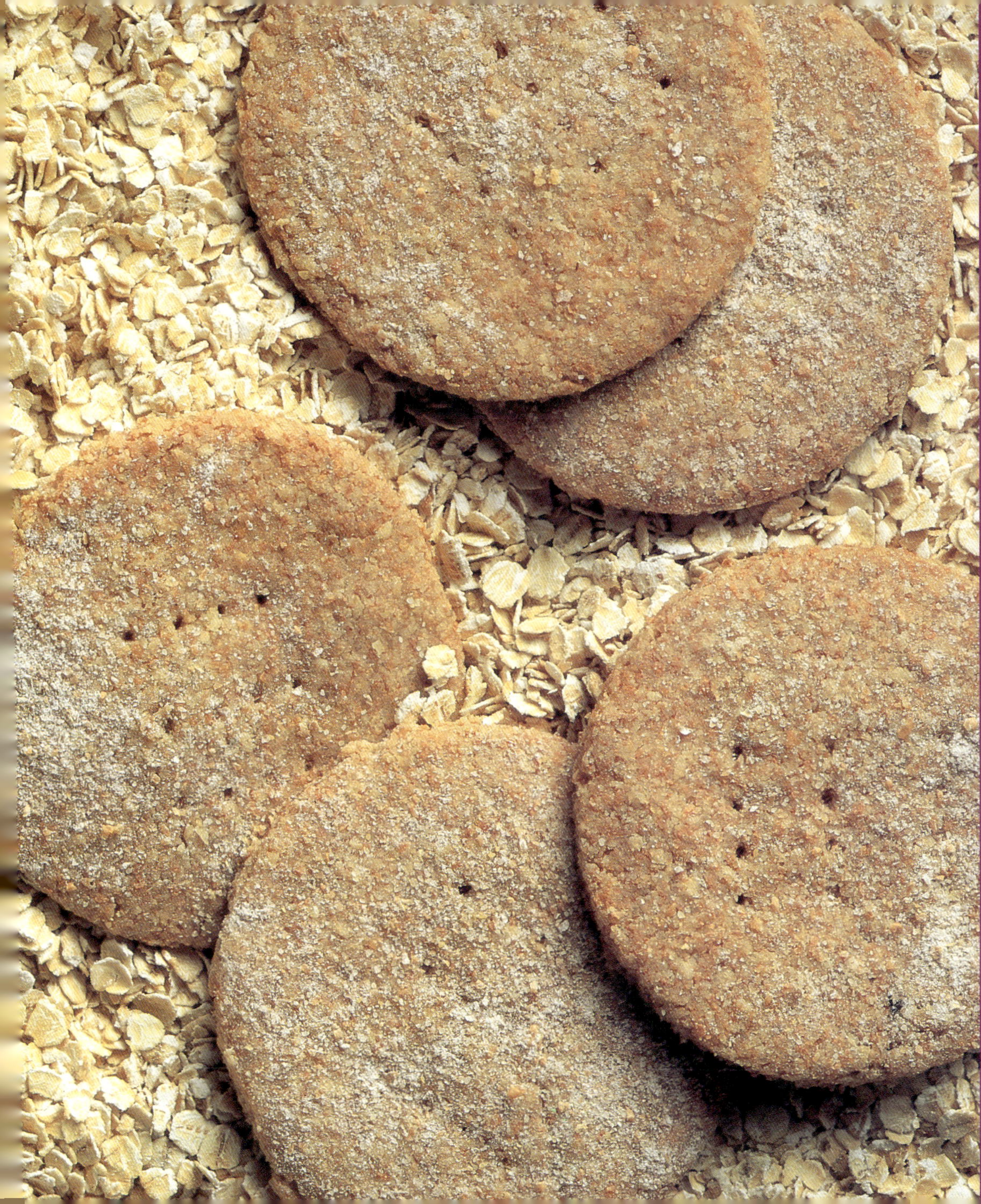

KLASSISCHE KEKSE

Zwei Versionen eines Keks-Klassikers.

Vollkornkekse

170 g Weizen-Vollkornmehl
1 Prise Salz
1 TL Backpulver
50 g Haferflocken
40 g goldener Rohrzucker
100 g Butter, gekühlt und
gewürfelt

Ein Ausstechförmchen
von 7,5 cm Durchmesser

Gebutterte Backbleche

Ergibt 16 Stück

Alle Zutaten in einer Küchenmaschine zu einem Teig verarbeiten (notfalls mit den Händen nachkneten). Teig auf der leicht bemehlten Arbeitsfläche etwa einen halben Zentimeter dick ausrollen. Mit dem Ausstechförmchen Kekse ausstechen, auf die vorbereiteten Backbleche legen und mit einer Gabel leicht einstechen. Teigreste erneut ausrollen und Kekse ausstechen, bis der Teig verbraucht ist.

Im auf 190 Grad C/Gas 5 vorgeheizten Backofen etwa 12–15 Minuten backen, bis die Kekse am Rand leicht Farbe angenommen haben.

Herausnehmen und 4–5 Minuten auf den Blechen fest werden lassen, dann auf Küchengittern vollends auskühlen lassen. Nach dem Auskühlen in einem luftdichten Behälter aufbewahren. Die Kekse halten sich eine Woche, tiefgekühlt einen Monat.

Variation:
Vollkorn-Gewürzkekse
Teig wie im Originalrezept zubereiten, dabei den Zuckeranteil vermindern und die gewählten Gewürze hinzufügen. Kekse backen und mit Käse servieren.

Den Rohrzucker
auf 20 g reduzieren.

Nach Belieben 1/4 TL Currypulver,
Garam-Marsala-Gewürzmischung
oder 1 TL gemahlenen Zimt oder
Ingwer hinzufügen

Ergibt 16 Stück

Rosinen-Hafer-Plätzchen

Mehl, Salz, Haferflocken und Backpulver mischen. Butter, Zucker und Vanilleessenz mit einem Holzlöffel oder mit den Schlagbesen des Mixers schaumig rühren.

Mit dem Holzlöffel oder von Hand den Mehl-Mix und die getrockneten Früchte einarbeiten und zu einem Teig kneten. In Kugeln von 3 cm Durchmesser teilen.

Die Kugeln mit ausreichend Abstand voneinander auf die Backbleche verteilen und leicht flachdrücken.

Im vorgeheizten Ofen bei 180 Grad C/Gas 4 10–12 Minuten goldbraun backen.

Auf dem Backblech einige Minuten fest werden lassen, dann auf einem Gitterrost auskühlen lassen. Nach dem Auskühlen in einem luftdichten Behälter aufbewahren. Die Kekse halten sich eine Woche, tiefgekühlt einen Monat.

250 g Fertigmehl mit Backtriebmitteln
1 Prise Salz
1 TL Backpulver
175 g Haferflocken
250 g Butter
200 g goldener Rohrzucker
1/2 TL Bourbon-Vanilleessenz
50 g Rosinen, getrocknete Schattenmorellen oder getrocknete Cranberries

Gebutterte Backbleche

Ergibt 32 Stück

Backen Sie diese Kekse mit getrockneten Schattenmorellen oder Cranberries anstelle der üblichen Rosinen – sie bekommen dann ein besonders ungewöhnliches Aroma.

Ingwernüsse nach alter Art

350 g Fertigmehl mit
Backtriebmitteln
1 Prise Salz
200 g goldener Rohrzucker
1 EL gemahlener Ingwer
1 TL Natron
115 g Butter
85 g Sirup
1 großes Ei, luftig aufgeschlagen

Gebutterte Backbleche

Ergibt 30 Stück

Mehl in eine Rührschüssel sieben, Salz, Zucker, Ingwer und Natron hinzufügen. In einer kleinen Pfanne die Butter und den Sirup bei milder Hitze unter gelegentlichem Rühren schmelzen. Auf Handwärme abkühlen lassen und in die Schüssel füllen. Das Ei hinzufügen und alles gut verrühren.

Mit den Händen 30 etwa walnußgroße Kugeln formen. Die Kugeln mit ausreichend Abstand voneinander auf die Backbleche verteilen und leicht flachdrücken.

Im vorgeheizten Backofen bei 170 Grad C/Gas 3 etwa 15–20 Minuten goldbraun backen.

Auf dem Backblech eine Minute fest werden lassen, dann auf einem Gitterrost auskühlen lassen. Nach dem Auskühlen in einem luftdichten Behälter aufbewahren. Die Kekse halten sich eine Woche, tiefgekühlt einen Monat.

Ingwernüsse bleiben bei kurzer Backzeit von etwa 15 Minuten zart – wenn sie knuspriger werden sollen, lassen Sie sie einfach einige Minuten länger im Ofen.

**Fairings heißen diese traditionellen Kekse
aus Cornwall.**

Kirchweihküchlein

100 g Mehl
1 Prise Salz
1 TL Backpulver
1/2 TL Natron
1 TL gemahlener Ingwer
1/2 TL Neunerlei
40 g goldener Rohrzucker
50 g Butter, gekühlt und gewürfelt
1 EL Zitronat und Orangeat,
sehr fein gehackt
3 EL Sirup

Gebutterte Backbleche

Ergibt 20 Stück

Mehl in eine Rührschüssel sieben, Salz, Ingwer und Gewürze, Backpulver und Natron hinzufügen (die Mischung beider Backtriebmittel macht die Kekse besonders knusprig).

Zucker unterrühren. Kalte Butterwürfel zugeben und mit den Fingern krümelig kneten. Zitronat und Orangeat sowie Sirup einkneten, bis ein fester Teig entsteht. Damit der Sirup besser bindet, kann man ihn vorher leicht erwärmen.

Den Teig in etwa 20 Kugeln von der Größe einer Murmel teilen. Die Kugeln mit ausreichend Abstand voneinander auf den Backblechen verteilen.

Im vorgeheizten Backofen bei 200 Grad C/Gas 6 etwa 7 Minuten goldbraun backen.

Auf dem Backblech einige Minuten fest werden, dann auf einem Gitterrost auskühlen lassen. Nach dem Auskühlen in einem luftdichten Behälter aufbewahren. Die Kekse halten sich eine Woche, tiefgekühlt einen Monat.

**Leichtes, knusprig-zartes Gebäck,
das an sich schon ein Genuß ist, aber auch
die perfekte Ergänzung zu Eiscreme
oder Obstsalat.**

Zitronen-Mohn-Kekse

200 g Mehl
1 Prise Salz
50 g Puderzucker
50 g goldener Rohrzucker
Abgeriebene Schale
einer Zitrone
2 TL Mohn
120 g Butter, gekühlt und
gewürfelt
1 mittelgroßes Ei, luftig
aufgeschlagen

Leicht gebutterte Backbleche

Ergibt etwa 26 Stück

Mehl, Salz, Zucker, Zitronenschale und Mohn in einer Küchen-maschine gründlich durchrühren. Butter hinzugeben und kurz krümelig rühren. Ei dazugeben und den Teig kompakt rühren. Teig zu einer Rolle von 7 cm Durchmesser rollen und in Frisch-haltefolie wickeln. Kühl stellen, bis der Teig fest wird – das dau-ert mindestens 2 Stunden. Der Teig hält sich im Kühlschrank etwa 1 Woche und kann nach Bedarf abgebacken werden.
Die Rolle in Scheiben von etwa 1/2 cm Dicke schneiden und die Scheiben auf das Backblech legen.
Im vorgeheizten Backofen bei 180 Grad C/Gas 4 etwa 10–12 Minuten gerade goldbraun backen. Auf einem Gitterrost aus-kühlen lassen. Nach dem Auskühlen in einem luftdichten Be-hälter aufbewahren. Die Kekse halten sich fünf Tage, tiefge-kühlt einen Monat.

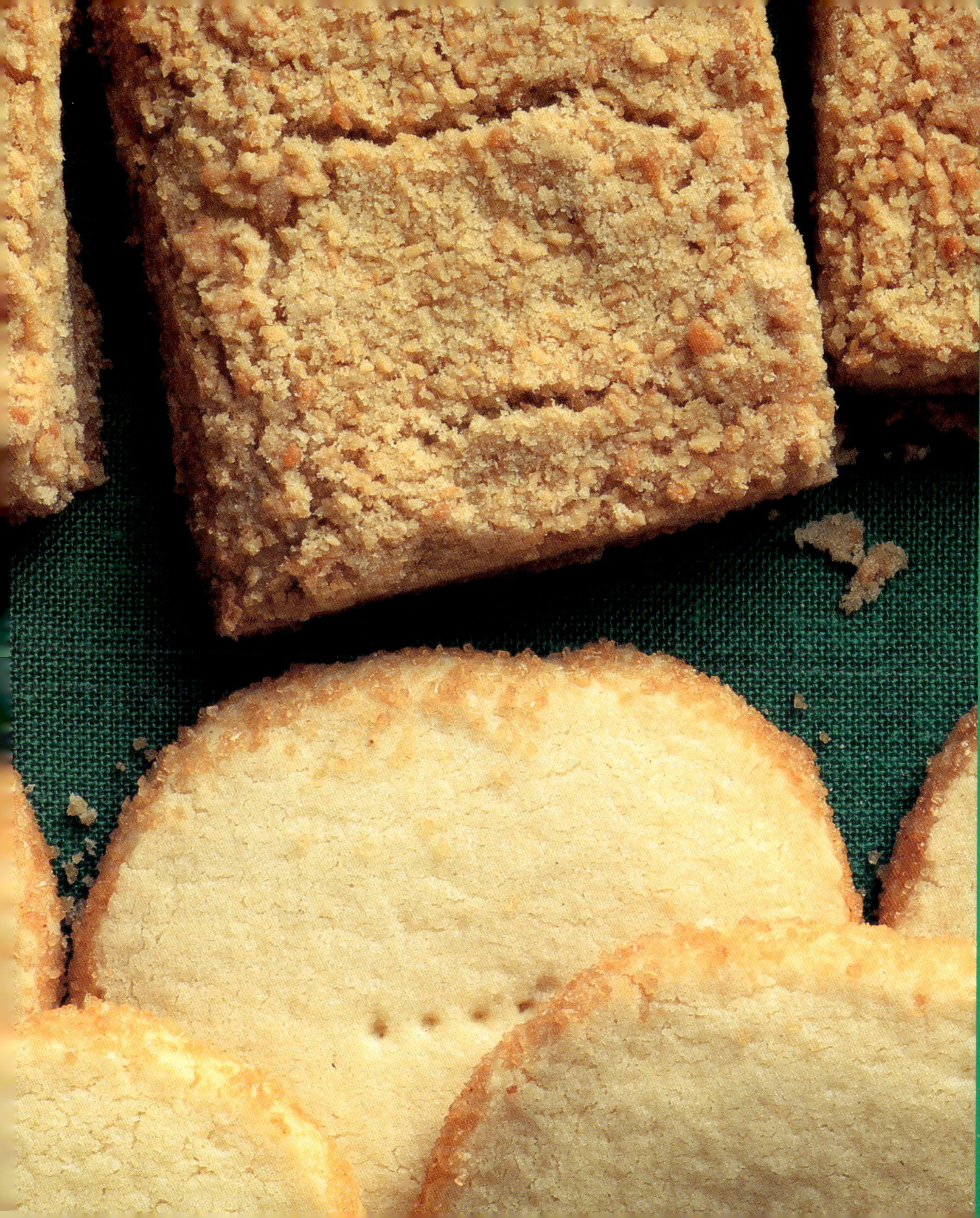

MÜRBEGEBÄCK

Ingwerschnitten

200 g Mehl
50 g fein gemahlenes Hafermehl
1 TL gemahlener Ingwer
1/2 TL Soda
125 g brauner Rohrzucker
1 eingelegte Ingwernuß,
abgetropft und grob gehackt
125 g Butter, gekühlt und
gewürfelt

Quadratische Auflaufform,
gut gebuttert

Ergibt 9 Schnitten

Alle Zutaten außer der Butter in der Küchenmaschine zu grobkörniger Konsistenz verrühren. Butter hinzufügen und in Intervallen streuselig rühren. Dabei sollte aber kein homogener Teig entstehen.

4 Eßlöffel Streusel beiseite stellen. Den Rest in die vorbereitete Form füllen und mit einem Löffel glatt streichen. Die restlichen Streusel auf dem Teig verteilen.

Auf dem Teig mit einem Messer 9 quadratische Stücke markieren. Im vorgeheizten Ofen bei 180 Grad C/Gas 4 etwa 25 Minuten goldbraun backen. Herausnehmen und entlang der markierten Linien aufschneiden. Ingwerschnitten in der Form auskühlen lassen.

In einem luftdicht schließenden Behälter aufbewahren. Die Kekse halten sich eine Woche, tiefgekühlt einen Monat.

Ein beliebtes, gut zu variierendes Rezept aus dem Lake District, der idyllischen Seenlandschaft im Norden Englands – lecker mit kräftigem Ingweraroma und Streuseln, pikant mit Pistazien oder, als süße Sünde, mit goldenem Rohrzucker bestreut.

Demerara-Shortbread

Mit einem Holzlöffel oder mit dem Mixer die Butter schaumig rühren, dann Rohrzucker und Vanilleessenz hinzufügen. Unter stetem Rühren aufschlagen, bis sich der Zucker gelöst hat. Mehl, Reismehl und Salz hineinsieben. Mit den Händen den Teig durchkneten.

Den Teig zu einer 16 cm langen und 7,5 cm dicken Rolle formen. Die Rolle im Demerara-Zucker wälzen, bis sie gleichmäßig mit Zucker bedeckt ist. In Frischhaltefolie oder Butterbrotpapier einschlagen und kühlen, bis der Teig fest geworden ist – etwa 20 Minuten.

Die Rolle auspacken und in Scheiben von 1 cm Dicke schneiden. Auf die vorbereiteten Backbleche legen und mit einer Gabel einstechen, dann weitere 15 Minuten kühl stellen.

Im vorgeheizten Ofen bei 180 Grad C/Gas 4 etwa 15 Minuten lang fest werden lassen – das Mürbegebäck sollte jedoch keine Farbe annehmen.

Auf dem Backblech einige Minuten stehen und dann auf einem Gitterrost vollends auskühlen lassen. In einem luftdichten Behälter aufbewahren. Die Kekse halten sich eine Woche, tiefgekühlt einen Monat.

200 g Butter, temperiert
100 g goldener Rohrzucker
2–3 Tropfen Bourbon-Vanilleessenz
260 g Mehl
40 g Reismehl (ersatzweise Maismehl oder gemahlener Reis)
1 Prise Salz
3–4 EL naturbelassener Demerara-Zucker (ersatzweise Roh-Rohrzucker)

Ein Ausstechförmchen von 7,5 cm Durchmesser

Gebutterte Backbleche

Ergibt etwa 16 Stück

Variation:
Pistazien-Shortbread
Teig wie im Originalrezept zubereiten, dabei die Vanilleessenz durch Pistazien ersetzen. Den Teig auf einer leicht bemehlten Arbeitsfläche einen Zentimeter dick ausrollen und mit dem Ausstechförmchen Kekse ausstechen. Teigreste erneut ausrollen, bis der gesamte Teig verwendet wurde. Demerara-Zucker weglassen. Die Kekse auf die Backbleche legen, 15 Minuten kühl stellen und abbacken, wie im Originalrezept beschrieben.

Statt der Vanilleessenz und dem Demerara-Zucker 50 Gramm grob gehackte Pistazien verwenden.

Ergibt etwa 14 Stücke

Dieses üppige, herzhafte Mürbegebäck paßt wunderbar zu Vanilleeis.

Schokoladen-Shortbread

Mit einem Holzlöffel oder den Knethaken des elektrischen Mixers die Butter schaumig rühren. Zucker hinzufügen und zu einer schaumigen Creme aufschlagen. Das Mehl mit dem Kakao und Salz darübersieben und mit dem Löffel oder den Händen vorsichtig unterheben. Den Teig kurz durchkneten, dann in die Springform füllen und glattstreichen.

Abdecken und 15 Minuten kühl stellen. Den Teig mit einer Gabel einstechen und mit einem Messer 12 Stücke markieren. Das Shortbread im vorgeheizten Ofen bei 180 Grad C/Gas 4 etwa 15–20 Minuten backen – das Gebäck darf dabei nicht bräunen, sonst schmeckt es bitter.

Aus dem Ofen nehmen und mit Rohr- oder Puderzucker und Kakaopulver bestreuen und entlang der markierten Linien in Stücke schneiden. In der Form auskühlen lassen.

In einem gut schließenden Behälter aufbewahren. Die Kekse halten sich eine Woche, tiefgekühlt einen Monat.

200 g Butter, temperiert
100 g goldener Rohrzucker
260 g Mehl
40 g Kakaopulver
1 reichliche Prise Salz
Rohrzucker oder Puderzucker
zum Bestreuen

Springform von 23 cm Durchmesser, gefettet

Ergibt 12 Stücke

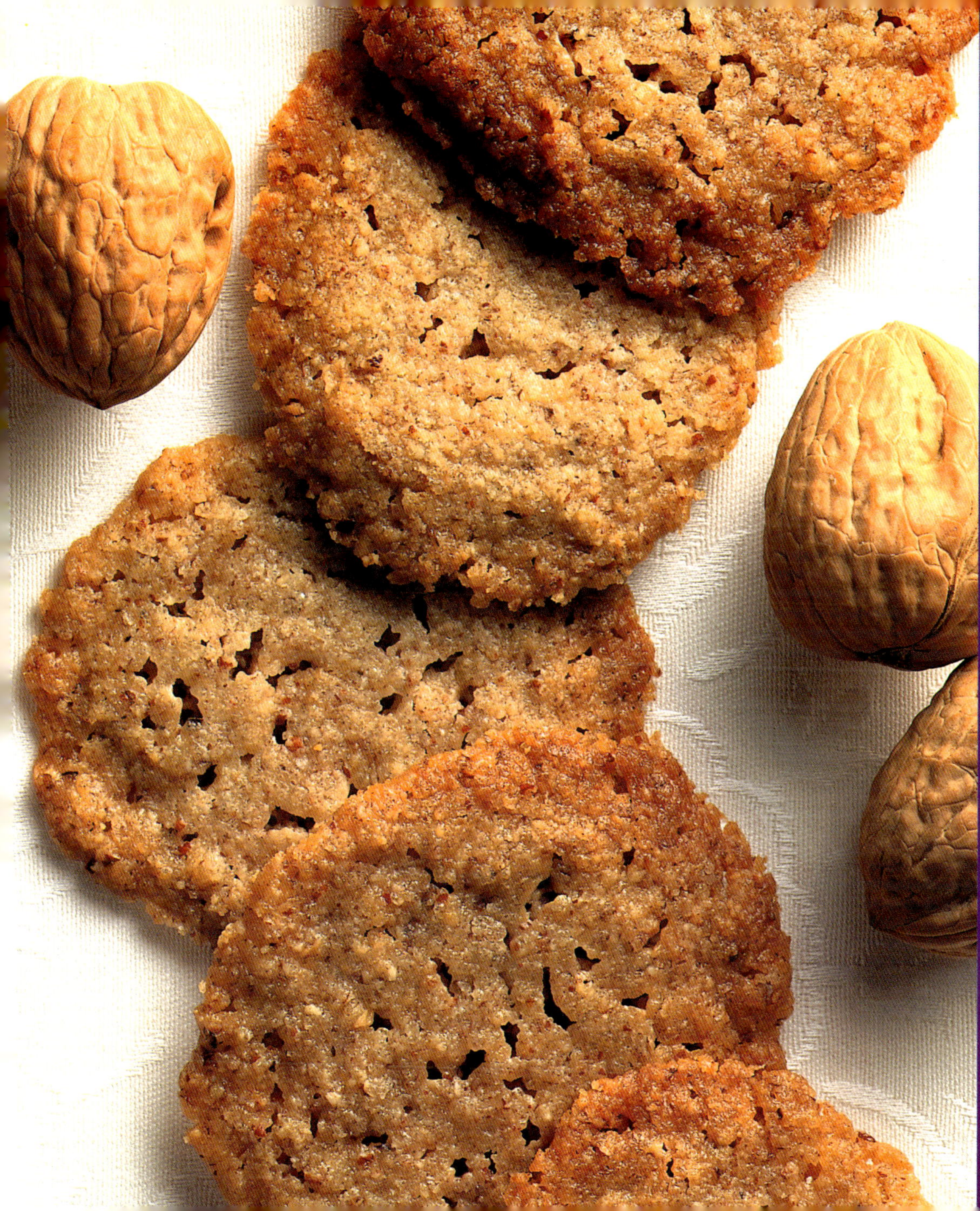

Für dieses Rezept sollten Sie nur wirklich gute Bitterschokolade verwenden.

Butter-Schokoladen-Plätzchen

70 g Bitterschokolade, grob zerkleinert (am besten Schokolade mit einem Kakaoanteil von 60 % und nur geringem Zuckeranteil verwenden)
35 g goldener Rohrzucker
220 g Butter, gekühlt und gewürfelt
140 g dunkler Roh-Rohrzucker
250 g Mehl
1/2 TL Bourbon-Vanilleessenz
50 g weiße oder dunkle Kuvertüre, geschmolzen, zum Verzieren

Mehrere gefettete Backbleche

Ergibt 30 Stück

Die Bitterschokolade mit dem goldenen Rohrzucker in einer Küchenmaschine fein zerkleinern. Butterwürfel, dunklen Rohrzucker, Mehl und Vanilleessenz hinzufügen und zu einem Teig verarbeiten.

Teig mit den Händen zu 30 etwa walnußgroßen Kugeln formen und mit jeweils etwas Abstand auf den Backblechen verteilen. Im vorgeheizten Ofen bei 180 Grad C/Gas 4 10–15 Minuten backen, bis sie am Rand etwas Farbe annehmen.

Aus dem Ofen nehmen. Die Kekse sind sehr zerbrechlich, deshalb 5 Minuten auf dem Blech liegen lassen, dann zum Auskühlen auf ein Gitterrost legen.

Nach dem Auskühlen Kuvertüre mit einer Gabel oder einem aufgerollten Stück Pergamentpapier auf dem Gebäck verteilen. Verzierung fest werden lassen, dann die Kekse in einem luftdichten Behälter aufbewahren. Die Kekse sollten innerhalb von 4 Tagen gegessen werden.

Undekorierte Plätzchen können bis zu einem Monat tiefgekühlt aufbewahrt werden. Vor dem Verzieren im warmen Backofen aufbacken.

Florentiner

Butter vorsichtig in einer kleinen Pfanne schmelzen und auskühlen lassen.

Nüsse, Zucker und Mehl in der Küchenmaschine verrühren, bis die Nüsse fein gemahlen sind. Unter fortgesetztem Rühren Crème double und Butter hinzufügen und zu einem weichen Teig verarbeiten.

Mit Teelöffeln Häufchen vom Teig abstechen und mit Abstand auf das Backpapier setzen. Mit einer Gabel leicht flachdrücken und im vorgeheizten Backofen bei 180 Grad C/Gas 4 7–9 Minuten goldbraun mit dunkleren Rändern backen.

Auf den Blechen auskühlen lassen, dann in einem luftdichten Behälter aufbewahren und innerhalb von 4 Tagen verzehren. Nicht zum Einfrieren geeignet.

50 g Butter
100 g gehackte Pecannüsse oder Walnüsse
100 g goldener Rohrzucker
3 EL Mehl
2 EL Crème double

Mehrere Backbleche, mit Backpapier belegt

Ergibt 24 Stück

Diese delikaten, sehr eleganten Kekse passen vorzüglich zu Sorbets oder zum Espresso nach dem Essen.

Geröstete Mandeln und Bittermandelöl verleihen diesen Plätzchen ihre Knusprigkeit und das intensive Mandelaroma.

Mandelhörnchen

120 g Butter, temperiert
1–3 Tropfen Bittermandelöl
(aus der Apotheke; auf keinen
Fall künstliches Mandelaroma
verwenden)
60 g Puderzucker, gesiebt
1 Prise Salz
90 g Mehl, gesiebt
120 g gemahlene Mandeln
30 g ganze Mandeln, geröstet
und gehackt
Puderzucker zum Bestreuen

Mehrere gefettete
Backbleche

Ergibt 22 Stück

Butter mit Bittermandelöl schaumig rühren. Puderzucker vorsichtig mit einem Holzlöffel oder den Quirlen des elektrischen Mixers unterheben, dann luftig aufschlagen. Salz, Mehl und gemahlene Mandeln hinzufügen und unterrühren. Gehackte Mandeln zufügen und unterrühren. Falls nötig, sanft zu einem kompakten Teig kneten – dabei nicht übertreiben, der Teig sollte fest bleiben. Eventuell 15–20 Minuten kalt stellen, bis der Teig sich gefestigt hat.

Mit der Hand teelöffelgroße Teighäufchen zu etwa 7 cm langen bogenförmigen Rollen formen.

Mit ausreichendem Abstand voneinander auf gefettete Backbleche verteilen und im vorgeheizten Ofen bei 170 Grad C/ Gas 3 15–18 Minuten backen, bis die Mandelbögen fest sind. Das Gebäck sollte nur an den Rändern leicht gebräunt sein.

Auf dem Backblech 2 Minuten abkühlen lassen, dann mit Puderzucker bestreuen. Auf einem Gitterrost auskühlen lassen.

In einem luftdichten Behälter aufbewahren und innerhalb einer Woche verbrauchen. Mandelhörnchen eignen sich nicht zum Einfrieren.

Diese Kekse bekommen das beste Aroma, wenn Sie möglichst starken Espresso verwenden, der vor der Verwendung noch abkühlen kann.

Espresso-Walnuß-Quadrate

140 g Mehl
1 Prise Salz
140 g brauner Roh-Rohrzucker
90 g Butter, gekühlt und gewürfelt
1 TL Backpulver
1 mittelgroßes Ei, leicht verrührt
3 EL sehr starker Espresso-Kaffee, ausgekühlt
1 EL Milch
60 g Walnuß-Stücke

Eine quadratische Backform mit 20 cm Kantenlänge, gefettet und mit Backpapier ausgelegt

Ergibt 16 Stücke

Mehl, Salz und Zucker in eine Rührschüssel sieben. Die gekühlten Butterstücke hinzufügen und den Teig mit den Fingerspitzen zu Krümeln zerreiben. 4 Eßlöffel abnehmen.

Backpulver zum restlichen Teig geben und gründlich unterarbeiten.

Ei, Espresso und Milch verrühren, in die Rührschüssel füllen und alles gründlich verkneten. 45 g der Nüsse untermischen. Teig in die Backform füllen und glattstreichen.

Restliche Nüsse mit den Streuseln mischen und auf den Teig streuen.

Im vorgeheizten Ofen bei 180 Grad C/Gas 4 etwa 20–25 Minuten goldbraun backen.

In der Form etwa 1–2 Minuten auskühlen lassen, dann mit einem Palettenschneider entlang der Ränder von der Form lösen und auf ein Gitterrost stürzen.

Vollständig auskühlen lassen, dann in 16 Quadrate teilen. In einem luftdichten Behälter aufbewahren und innerhalb von 4 Tagen verzehren. Tiefgekühlt einen Monat haltbar.

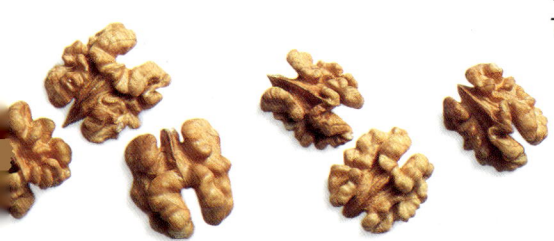

Für diese köstlichen Makronen braucht man frische Nüsse, gute Schokolade und kräftigen Kaffee, dann kann gar nichts schiefgehen.

Mokka-Makronen

Schokoladenstücke in einer hitzebeständigen Schüssel im Wasserbad schmelzen. Aus dem Wasser nehmen und cremig rühren.

Mit einem Schneebesen oder dem Mixer die Eiweiße zu Schnee schlagen. Nacheinander Zucker, Mandeln, Kaffee und Schokoladencreme unterheben.

Teelöffelgroße Häufchen von der Makronenmasse abstechen und mit ausreichend Abstand auf den Blechen verteilen. Zu kreisrunden Plättchen von 6 cm Durchmesser auseinanderdrücken und mit den Mandeln dekorieren.

In einem vorgeheizten Ofen bei 150 Grad C/Gas 2 etwa 25 Minuten fest werden lassen.

Auskühlen lassen, dann vom Backpapier abziehen und auf einem Gitterrost vollständig erkalten lassen.

In einem luftdichten Behälter aufbewahren und innerhalb einer Woche verzehren. Nicht zum Einfrieren geeignet.

75 g Bitterschokolade, gehackt
2 mittelgroße Eiweiße
200 g goldener Rohrzucker
125 g gemahlene Mandeln
1 EL starker Espresso-Kaffee
Mandelblättchen oder -stifte als Verzierung

Mehrere Backbleche, gut gefettet oder mit Backpapier ausgelegt

Ergibt 18 Stück

Am besten verwenden Sie für dieses Rezept zuckerfreie Erdnußbutter – sonst wird das Gebäck zu süß.

Erdnußbutter-Marmeladen-Sandwiches

275 g Erdnußbutter
150 goldener Rohrzucker
2–3 Tropfen Bourbon-
Vanilleessenz
1 großes Ei, verquirlt
etwa 4 EL Himbeer- oder
Johannisbeermarmelade
als Füllung

Mehrere Backbleche,
sorgfältig gefettet

Ergibt etwa 12 gefüllte Kekse

In einer Rührschüssel die Erdnußbutter mit dem Zucker cremig aufschlagen. Vanilleessenz und Ei unterrühren. Der Teig sollte sehr steif sein.

Teig in 24 Teile teilen und zu Kugeln rollen. Kugeln mit reichlich Abstand voneinander auf den Backblechen auslegen und mit einer Gabel flachdrücken.

Im vorgeheizten Ofen bei 180 Grad C/Gas 4 etwa 12–15 Minuten goldbraun backen. Einige Minuten auf dem Blech auskühlen, dann auf einem Gitterrost vollständig erkalten lassen.

Jeweils zwei Kekse wie ein Sandwich mit Marmelade füllen. In einem luftdichten Behälter aufbewahren und innerhalb einer Woche verzehren. Ohne Füllung halten sich die Kekse tiefgekühlt einen Monat.

Eine elegante Kombination von weißer Schokolade und hellen Nüssen.

Macadamia-Kekse

200 g Mehl
1 Prise Salz
1/2 TL Backpulver
175 g Butter, temperiert
100 g goldener Rohrzucker
1 mittelgroßes Ei, verquirlt
1/2 TL Bourbon-Vanilleessenz
150 g weiße Kuvertüre,
grob gehackt
75 g ungesalzene Macadamia-
nüsse, grob gehackt

Mehrere Backbleche,
leicht gefettet

Ergibt 24 Stück

Mehl, Salz und Backpulver in eine Rührschüssel sieben.

In einer zweiten Rührschüssel Butter und Zucker mit einem Holzlöffel oder dem Schlagbesen des elektrischen Mixers cremig aufschlagen.

Ei gründlich unterrühren und das Mehl vorsichtig unterziehen. Zu einer geschmeidigen Masse verrühren, dann Vanille, Schokolade und Nüsse unterheben.

Die Masse eßlöffelweise mit ausreichend Abstand auf die Backbleche setzen. Im vorgeheizten Ofen bei 180 Grad C/ Gas 4 10–12 Minuten trocknen lassen. Die Kekse dürfen keine Farbe annehmen.

Auf dem Blech eine Minute auskühlen, dann auf einem Gitterrost vollständig erkalten lassen.

In einem luftdichten Behälter aufbewahren und innerhalb von 5 Tagen verzehren. Nicht zum Einfrieren geeignet.

Mit Walnüssen lassen sich wundervolle Kekse backen, ersatzweise eignen sich auch Pecan- oder Haselnüsse hervorragend.

Walnußkekse

75 g grob gehackte Walnüsse
90 g Butter, temperiert
80 g goldener Rohrzucker
80 g naturbelassener Demerara-Zucker
1 großes Ei, verquirlt
1/2 TL Bourbon-Vanilleessenz
250 g Fertigmehl mit Backtriebmitteln

Mehrere Backbleche, gefettet

Ergibt 24 Stück

Walnüsse sind gelegentlich sehr bitter oder werden an der Luft schnell ranzig – probieren Sie deshalb lieber eine, bevor Sie sie verwenden.

Mit einem Holzlöffel oder den Quirlen des elektrischen Mixers die Butter schaumig rühren. Nacheinander die beiden Zuckersorten unterrühren und etwa 2 Minuten aufschlagen.

Langsam unter fortgesetztem Rühren Ei, Vanille, Mehl und gehackte Nüsse hinzugeben. Mit den Händen zu einem festen Teig kneten und in 24 walnußgroße Kugeln aufteilen.

Mit ausreichend Abstand voneinander auf das Backblech legen und mit einer Gabel flachdrücken. Im vorgeheizten Ofen bei 180 Grad C/Gas 4 etwa 10 Minuten goldbraun und fest backen.

Auf den Blechen einige Minuten auskühlen, dann auf einem Gitterrost vollständig erkalten lassen.

In einem luftdichten Behälter aufbewahren und innerhalb einer Woche verzehren. Tiefgekühlt einen Monat haltbar.

Italienische Mandel-Biscotti

130 g abgezogene Mandeln
250 g Mehl
125 g Vanille-Rohrzucker oder
goldener Rohrzucker
3/4 TL Backpulver
2 große Eier
1 Eigelb
1/2 TL echtes Bittermandelöl oder
Vanilleessenz

Ein gefettetes Backblech

Ergibt etwa 20 Stück

Diese doppeltgebackenen Biscotti aus der Toskana schmecken am besten als Dessert mit Obst und einem Glas Vin Santo-Süßwein, in den die Biscotti traditionell getunkt werden.

Die Mandeln in einer feuerfesten Form im vorgeheizten Ofen bei 180 Grad C/Gas 4 etwa 10–12 Minuten leicht anrösten. Auskühlen lassen, dann 100 g der Nüsse grob hacken und beiseite stellen. Die restlichen Nüsse in einer Mandelmühle oder der Küchenmaschine fein mahlen.

Die gemahlenen Mandeln in einer Rührschüssel mit Mehl, Zucker und Backpulver verrühren. In eine Vertiefung in der Mitte Eier und Eigelb geben. Vanilleessenz hinzufügen und alles sorgfältig verrühren. Gehackte Mandeln dazugeben und mit den Händen zu einem Teig verkneten – keine Flüssigkeit hinzufügen!

Den Teig halbieren und jede Hälfte zu einem Rechteck von 26 x 6 x 1,5 cm formen. Rechtecke nicht zu dicht auf das Backblech legen und im vorgeheizten Ofen bei 180 Grad C/Gas 4 etwa 25 Minuten goldbraun und fest backen.

Aus dem Ofen nehmen und etwa 5 Minuten auskühlen lassen. Danach bei 170 Grad C/Gas 3 weiter backen.

Rechtecke auf einem Schneidbrett mit einem Messer mit Wellenschliff diagonal in Streifen von etwa 1,5 cm Breite schneiden. Die Streifen mit dem Anschnitt nach oben auf das Backblech legen und weitere 10–12 Minuten goldbraun und knusprig backen.

Auf dem Backblech auskühlen lassen. In einem luftdichten Behälter aufbewahren und innerhalb von 2 Wochen verzehren.

Traditionell werden Biscotti mit Fenchel-
samen aromatisiert und zum Digestif serviert.
Dies ist eine moderne Variation.

Zimt-Rosinen-Biscotti

Die Mandeln in einer feuerfesten Form im vorgeheizten Ofen bei 180 Grad C/Gas 4 etwa 10–12 Minuten leicht bräunen. Aus-kühlen lassen.

Ei, Zucker und Vanilleessenz in einer Rührschüssel mit einem Löffel oder dem elektrischen Mixer zu einer dicken Creme auf-schlagen.

Mehl, Backpulver, Salz und Zimt auf Pergamentpapier sieben, vermischen und nochmals durch ein Sieb in die Schüssel geben. Unterrühren, bis ein glatter Teig entsteht, dann die Mandeln und Rosinen unterheben. Auf dem vorbereiteten Backblech zu einem Rechteck von 26 x 6 x 1,5 cm formen.

Im vorgeheizten Ofen bei 180 Grad C/Gas 4 20–25 Minuten goldbraun backen. 5 Minuten auskühlen lassen, dann auf ein Schneidbrett legen und mit einem Brotmesser diagonal in Strei-fen von 1 cm Breite zerteilen. Auf dem Backblech verteilen und weitere 10–15 Minuten goldbraun backen. 5 Minuten aus-kühlen, dann auf einem Gitterrost vollständig erkalten lassen.

In einem luftdichten Behälter aufbewahren und innerhalb von 2 Wochen verzehren.

Variation:
Schokoladen-Biscotti
Anstelle von Zimt und Rosinen 50 g Bitterschokoladenstücke verwenden, ansonsten wie im Originalrezept vorgehen.

50 g abgezogene Mandeln
1 großes Ei
100 g goldener Rohrzucker
1 TL Bourbon-Vanilleessenz
130 g Mehl
1/2 TL Backpulver
1 Prise Salz
3/4 TL gemahlener Zimt
50 g Rosinen

Ein Backblech, gefettet

Ergibt etwa
20 Stück

Hippen sind die perfekte Ergänzung zu Eiscreme, Dessertcremes oder Obstsalaten.

Orangenhippen

Eigelbe in eine saubere Rührschüssel aus Keramik oder Glas füllen. Mit dem Schneebesen oder dem elektrischen Mixer erst langsam, dann auf der Höchststufe steif schlagen. Langsam nacheinander Zucker, Butter und Mehl unter ständigem Rühren auf niedriger Stufe hinzufügen.

Vorsichtig Orangenschale und -likör unterheben.

Einen Teelöffel Teig auf dem Backblech zu einem Kreis von 10 cm Durchmesser ausstreichen.

Im vorgeheizten Ofen bei 180 Grad C/Gas 4 etwa 5 Minuten hellgolden backen.

Aus dem Ofen nehmen, mit einem Pfannenwender sofort vom Backblech nehmen und über ein Nudelholz legen. Dabei erstarrt die Hippe sehr schnell in U-Form. Herunternehmen und beiseite stellen.

Sobald Sie damit Übung haben, können zwei Hippen auf einmal gebacken werden.

Die Hippen in einem luftdichten Behälter aufbewahren und innerhalb von 2 Tagen verzehren – den Behälter gut schließen, da Feuchtigkeit die Hippenform zerstört. Nicht zum Tiefkühlen geeignet.

2 mittelgroße Eigelbe, temperiert
120 g goldener Rohrzucker
60 g Butter, geschmolzen und abgekühlt
60 g Mehl, gesiebt
Geriebene Schale einer unbehandelten Orange
1 TL Orangenlikör (nach Belieben)

Mehrere Backbleche, gefettet

Ergibt etwa 18 Stück

Diese knusprigen Kekse mit einem Hauch von Zimt passen ideal zu Eiscreme oder cremigen Sommerdesserts.

Dänische Knuspertaler

150 g Butter
150 g Haferflocken
230 g goldener Rohrzucker
2 mittelgroße Eier, verquirlt
1 EL Mehl
2 TL Backpulver
1 TL gemahlener Zimt

Mehrere Backbleche, gut gefettet
oder mit Backpapier belegt

Ergibt etwa 24 Stück

Die Butter bei milder Hitze in einer mittelgroßen Sauteuse schmelzen. Vom Herd nehmen und die Haferflocken einrühren. Sorgfältig durchrühren, dann die weiteren Zutaten einrühren.

Die Taler am besten in drei Schritten backen: ein Blech belegen, eines backen, eines auskühlen lassen.

Pro Blech acht Kekse abbacken: Jeweils ein teelöffelgroßes Häufchen Teig mit Abstand voneinander auf dem Blech ausbringen und im vorgeheizten Ofen bei 180 Grad C/Gas 4 etwa 5–7 Minuten goldbraun backen.

Mit einem Pfannenwender die fertigen Kekse sofort vom Blech heben und mit der Unterseite nach oben auf einem Gitterrost auskühlen lassen. Vorgang wiederholen, bis der Teig verbraucht ist.

Diese Kekse verlieren bei höherer Luftfeuchtigkeit schnell ihre Knusprigkeit, daher luftdicht aufbewahren und innerhalb von 4 Tagen verzehren. Sie eignen sich nicht zum Tiefkühlen.

Irische Whiskey-Stäbchen

1 unbehandelte Zitrone
100 g Sultaninen
80 ml Whiskey (vorzugsweise
irischen)
130 g Butter, temperiert
130 g goldener Rohrzucker
2 große Eier, Eiweiß und Eigelb
getrennt
130 g Fertigmehl mit Backtriebmitteln
1–2 EL Demerara-Zucker

Quadratische Kuchenform
von 18 cm Kantenlänge, gefettet,
Boden mit Backpapier belegt

Ergibt 10 Stücke

**Legen Sie die Früchte
über Nacht in Whis-
key ein – am besten
ist irischer Whiskey,
aber auch schotti-
scher Whisky gibt ein
schönes Aroma.**

Mit einem Sparschäler die Schale der Zitronen abschälen und in eine kleine Schüssel legen. Sultaninen hinzufügen und mit dem Whiskey übergießen. Über Nacht ziehen lassen.

Mit einem Holzlöffel oder den Quirlen des elektrischen Mixers die Butter schaumig rühren. Zucker hinzufügen und zu einer dicken Creme aufschlagen.

Nacheinander die beiden Eigelbe unterschlagen. Zitronenschale aus der Sultaninen-Whiskey-Mischung nehmen und den Whiskey und die Sultaninen mit einem Metallöffel unter den Teig heben.

In einer anderen Schüssel Eiweiße steif schlagen, dann abwechselnd mit dem Mehl vorsichtig unter den Teig heben.

Teig in die vorbereitete Form füllen und glätten. Mit dem Demerara-Zucker bestreuen, dann im vorgeheizten Ofen bei 180 Grad C/Gas 4 25 Minuten fest werden lassen.

Aus dem Ofen nehmen, in der Form etwa 3 Minuten auskühlen lassen, dann den Kuchen vorsichtig auf ein Gitterrost stürzen. Vollständig erkalten lassen, dann in Fingerform schneiden.

In einem luftdichten Behälter aufbewahren und innerhalb einer Woche verzehren. Tiefgekühlt einen Monat haltbar.

Um den Geschmack möglichst genau zu treffen, sollten Sie diese Vanillekekse aus Frankreich mit bester Marken- butter backen!

Sablés

Mehl, Salz, Puderzucker und Butterwürfel in einer Küchenma- schine krümelig rühren.

Eigelbe und Vanille zufügen und zu einem festen Teig ver- rühren. In Frischhaltefolie einpacken und mindestens 15 Minu- ten kühl stellen.

Auf einer leicht bemehlten Arbeitsfläche den gekühlten Teig etwa 5 mm dick ausrollen und mit dem Ausstecher Plätzchen abstechen.

Mit Abstand voneinander auf die Backbleche legen. Teig er- neut zusammenkneten und ausrollen, restliche Plätzchen aus- stechen. Kekse mit Ei bestreichen, dann erneut 15 Minuten kühl stellen.

Die Kekse nochmals mit Ei bestreichen, mit einer Gabel ein- stechen, dann mit den Zinken kreuzförmig ein Muster auf- zeichnen.

Die Plätzchen im vorgeheizten Ofen bei 180 Grad C/Gas 4 12–15 Minuten goldbraun backen.

Aus dem Ofen nehmen, auf den Blechen kurz fest werden las- sen, dann vorsichtig auf ein Gitterrost zum Auskühlen legen.

Nach dem vollständigen Erkalten in einem luftdichten Behälter aufbewahren und innerhalb einer Woche verzehren. Tiefge- kühlt einen Monat haltbar.

200 g Mehl
1 Prise Salz
80 g Puderzucker
130 g Butter, gekühlt und gewürfelt
3 Eigelbe
1/2 TL Bourbon-Vanilleessenz
1 Ei, verquirlt, zum Glasieren

Geriffeltes Ausstechförmchen von 9 cm Durchmesser
Mehrere Backbleche, gefettet

Ergibt etwa 10 Stück

**Falls Sie Kardamom im ganzen kaufen:
die Kapsel öffnen, die Samen herausnehmen
und in einem Mörser zerstoßen.**

Kardamom-Schnitten

250 g Mehl mit Backtriebmitteln
1/2 TL Natron
1 Prise Salz
1/4 TL gemahlener Kardamom
170 g Butter, temperiert
250 g goldener Rohrzucker
3 große Eier
150 ml Sauerrahm
Puderzucker zum Bestäuben

Eine quadratische Kuchenform
von 20 cm Kantenlänge, gefettet
und mit Backpapier ausgelegt

Ergibt 9 Stücke

Das Mehl mit Natron, Salz und Kardamom vermischen und beiseite stellen.
Mit einem Holzlöffel oder den Quirlen des elektrischen Mixers die Butter schaumig rühren. Unter fortgesetztem Rühren den Zucker hinzufügen und zu einer dicken Creme aufschlagen. Nacheinander die Eier hinzufügen und gründlich unterschlagen. Mit einem Metalllöffel in drei Schritten die Mehlmischung abwechselnd mit dem Sauerrahm unterheben.
Den Teig in die vorbereitete Form löffeln und glatt streichen.
Im vorgeheizten Ofen bei 180 Grad C/Gas 4 etwa 45 Minuten goldbraun und fest werden lassen.
Die Ränder mit einem Messer von der Form lösen und den Kuchen auf ein Gitterrost stürzen. Nach dem vollständigen Erkalten in 9 Quadrate teilen und mit Puderzucker bestäuben.
In einem luftdichten Behälter aufbewahren und innerhalb einer Woche verzehren. Tiefgekühlt einen Monat haltbar.

Apfel-Streusel-Schnitten

Mehl in eine Rührschüssel sieben, Salz, Lebkuchengewürz und Butter hinzufügen. Mit den Fingerspitzen zu feinen Streuseln zerreiben. Zucker, Apfelstücke und Trockenfrüchte dazugeben. Eier und Milch einrühren, bis ein weicher Teig entsteht. Teig in die Kuchenform füllen und mit dem Roh-Rohrzucker bestreuen.

Im vorgeheizten Ofen bei 200 Grad C/Gas 6 etwa 20 Minuten goldbraun und fest backen. Aus dem Ofen nehmen, eine Minute abkühlen lassen, dann in 9 Quadrate schneiden.

In einem luftdichten Behälter aufbewahren und innerhalb von 4 Tagen verzehren. Tiefgekühlt einen Monat haltbar.

225 g Mehl mit Backtriebmitteln
1 Prise Salz
1/2 TL Lebkuchengewürz
85 g Butter, gekühlt und gewürfelt
85 g naturbelassener Roh-Rohr-zucker
1 mittelgroßer Apfel, geschält, das Kerngehäuse entfernt und gewürfelt
100 g gemischte Trockenfrüchte
1 großes Ei
4 EL Milch
1–2 EL Demerara-Zucker

Eine quadratische Kuchenform von 20 cm Kantenlänge, gefettet

Ergibt 9 Stücke

Variation:
Streuselkuchen mit Trockenfrüchten, Ananas und Aprikosen
Statt mit Apfel den Kuchen mit 140 g einer fertigen, sehr gehaltvollen Mischung aus Trockenfrüchten mit Ananas und Aprikosen zubereiten, wie sie zu Weihnachten in guten Feinkostgeschäften erhältlich ist.

Knackig-säuerliche Tafeläpfel eignen sich am besten für diesen schnellen und einfachen Streuselkuchen.

Würzige Nußschnitten

90 g Butter, temperiert
3 EL goldener Sirup
1 großes Ei
180 g Mehl mit Backtriebmitteln
1 Prise Salz
1/4 TL gemahlene Muskatnuß
1/2 TL Lebkuchengewürz
1/2 TL gemahlener Zimt
1/4 TL gemahlener Ingwer
90 g grob gehackte Pecannüsse
1 1/2 EL Milch

Für die Gewürzstreusel:
2 EL Mehl
2 EL naturbelassener Roh-Rohrzucker
1/4 TL gemahlene Muskatnuß
1/4 TL gemahlener Ingwer
30 g Butter, gewürfelt

Quadratische Kuchenform
von 20 cm Kantenlänge, gefettet
und mit Backpapier ausgelegt

Ergibt 15 Stücke

Mit einem Holzlöffel oder den Quirlen des elektrischen Mixers die Butter schaumig rühren. Sirup und Ei nacheinander unter stetem Rühren unterziehen.

Mehl sieben, mit Salz, Lebkuchengewürz, Nüssen und Milch einrühren. Kräftig durchrühren, dann in die vorbereitete Form füllen und glatt streichen.

Die Streusel zubereiten: Mehl mit Zucker und Gewürzen vermischen, die Butter hinzufügen. Mit den Fingerspitzen zu Krümeln zerreiben. Die Nüsse unterrühren.

Die Streusel über den Teig verteilen und im vorgeheizten Ofen bei 180 Grad C/Gas 4 etwa 25–30 Minuten fest werden lassen. Kuchen mit dem Backpapier aus der Form heben und auskühlen lassen. In 15 Stücke schneiden. In einem luftdichten Behälter aufbewahren und innerhalb einer Woche verzehren. Tiefgekühlt einen Monat haltbar.

**Eine wunderbare Kombination
von saftigem Kuchen und knusprig-würzigen
Streuseln.**

Mit naturbelassenem Ahornsirup erzielt man bei diesen amerikanisch inspirierten Keksen das schönste Aroma.

Pecannuß-Schnitten

Butter, Zucker und Ahornsirup bei milder Hitze in einer mittelgroßen Sauteuse unter gelegentlichem Rühren schmelzen lassen, bis sich der Zucker aufgelöst hat. Vom Herd nehmen, Haferflocken und Nüsse hineinrühren.

In die vorbereitete Backform füllen und leicht andrücken. Mit einem scharfen Messer 10 Rechtecke anzeichnen.

Im vorgeheizten Ofen bei 150 Grad C/Gas 2 etwa 25–30 Minuten goldbraun backen.

Aus dem Ofen nehmen und entlang der Markierungen aufschneiden. Schnitten in der Form vollständig erkalten lassen, erst dann herausnehmen. In einem luftdichten Behälter aufbewahren und innerhalb einer Woche verzehren. Tiefgekühlt einen Monat haltbar.

Variation:

Sirupschnitten

Die Nüsse und den Ahornsirup durch 1 Eßlöffel Zuckerrübensirup ersetzen. Statt der Nüsse können alternativ entweder 30 g Rosinen, 30 g Schokoladenstücke, 1 TL gemahlener Ingwer, je 40 g Datteln- und Walnußstücke, 40 g gehackte Mandeln und einige Tropfen Bittermandelöl oder je 40 g gehackte, gemischte Nüsse und 40 g getrocknete Saftaprikosen verwendet werden.

150 g Butter
120 g naturbelassener Roh-Rohrzucker
1 EL Ahornsirup
180 g Haferflocken
70 g Pecannüsse, grob gehackt

Quadratische Backform von 18 cm Kantenlänge, sorgfältig gefettet

Ergibt 10 Stücke

Zitronenschnitten

125 g Mehl
1 Prise Salz
35 g Puderzucker
100 g Butter, gekühlt
3 Tropfen Bourbon-Vanilleessenz

Für den Zitronenbelag:
2 mittelgroße Eier
170 g goldener Rohrzucker
Abgeriebene Schale und Saft
einer unbehandelten Zitrone
1 EL Mehl
1/2 TL Natron
Puderzucker zum Bestäuben

Quadratische Backform von 20 cm
Kantenlänge, sorgfältig gefettet

Ergibt 12 Stücke

Mehl, Salz und Puderzucker in der Küchenmaschine durcharbeiten. Butter würfeln und mit der Vanille dazugeben. In der Maschine durchkneten, bis sich ein fester Teig ergibt.
Den Teig in die Form füllen und glattstreichen. Mit einer Gabel einstechen und, wenn es sehr warm ist, etwa 15 Minuten kühl stellen.
Im vorgeheizten Ofen bei 180 Grad C/Gas 4 12–15 Minuten hellgolden und fest backen, ohne daß der Kuchen bräunt. In der Backform auskühlen lassen.
Mit einem Schneebesen oder dem elektrischen Mixer die Eier in einer Rührschüssel schaumig rühren. Langsam den Zucker unter ständigem Rühren zugeben und zu einer dicken Creme aufschlagen. Zitronenschale und -saft, danach Mehl und Natron unterheben. Die Zitronencreme über den vorgebackenen Teig geben und nochmals 20–25 Minuten goldbraun backen.
In der Form auskühlen lassen und in 12 Rechtecke schneiden. In einem luftdichten Behälter aufbewahren und innerhalb von 4 Tagen verzehren. Eignet sich nicht zum Einfrieren.

Ein buttrig-knuspriger Boden mit cremigem Belag und würzigem Zitrusaroma.